Präsentieren & Auftreten mit Charisma

STEPHAN LENDI

WIDMUNG

Dieses Buch ist all meinen Kunden gewidmet, welche sich regelmässig fördern und fordern lassen und ihre Inhalte vor die eigene Person stellen. So präsentieren Sie authentisch, und das Publikum kann die Inhalte optimal verstehen und schätzen.

INHALTSÜBERSICHT

1   Der Weg zu mehr Charisma   8

2   Die Macht der Pause   13

3   Ruhige Nerven   20

4   Wohin mit den Händen?   24

5   Schau mir in die Augen, Kleines!   30

6   Der Umgang mit Fragen   34

7   Die Drei   41

8   Die Macht von Geschichten   45

9   Das Publikum involvieren   50

10   Vorlesen, auswendig lernen oder Kärtchen?   55

11   Wie viele Folien passen in eine Minute?   59

12   Selbsteinschätzung Präsentationstechnik   64

13   Selbsteinschätzung Stimme   67

14   Feedbackformular Präsentationen   69

15   Über Stephan Lendi   72

Die einen haben Charisma, die andern nicht; wenn es doch bloss so einfach wäre.

1 DER WEG ZU MEHR CHARISMA

Neue Kunden, Teilnehmer an Konferenzen, aber auch Manager, welche ein Individual-Coaching buchen, suchen nicht nur irgend einen Lösungsansatz, sondern einen passenden Lösungsweg, welcher ihnen persönlich entspricht. Alle diese Menschen kommen immer wieder mit denselben Fragen und Herausforderungen auf mich zu und suchen Hilfe und Unterstützung.

Die häufigsten Herausforderungen sind folgende: Ich spreche zu schnell, ich werde nervös und bekomme Schweissausbrüche, mein Publikum findet meine Präsentationen langweilig, ich führe keine Fragerunde durch, weil ich mit gewissen Fragen nicht umgehen kann, ich muss so viel sagen, aber irgendwie kann mein Publikum das Gesagte doch nicht aufnehmen und umsetzen... dies sind allerdings nur einige der Herausforderungen. Doch nebst diesen taucht eine Frage immer wieder auf: Wie wirke ich charismatisch?

Ich möchte überzeugend sein wie Barack Obama, meine Produkte lieben wie Steve Jobs, Geschichten erzählen und inspirieren wie Nelson Mandela; wie wirke ich so charismatisch wie diese Redner?

Charisma scheint für manche von uns eine fast unantastbare Eigenschaft zu sein, welche die einen haben, andere halt eben nicht.

Lassen Sie uns dieses Charisma mal etwas genauer unter die Lupe nehmen: Stellen Sie sich eine Rednerin oder einen Redner vor, welcher eben dieses Charisma hat. Im Grunde genommen gilt es drei Fragen zu klären:

1. Was kann ein Redner oder eine Rednerin mit Charisma erreichen?

Charisma heisst Überzeugungskraft, Charisma heisst aber auch Macht; die Macht Menschen zu bewegen, emotional zu berühren, zum Denken anzuregen, bestimmte Handlungen auszulösen und Menschen zu inspirieren.

Und genauso fühlt es sich als Zuschauer an, wenn ich einem charismatischen Redner oder einer charismatischen Rednerin zuhöre.

2. Wie fühlen Sie sich als Zuschauerin oder Zuschauer, wenn ein charismatischer Redner spricht?

Ich bin gebannt, neugierig, denke und fühle mit, lasse mich begeistern, überzeugen, möchte noch mehr erfahren, vergesse alles andere um mich herum, vergesse die Zeit, lehne in meinem Stuhl zurück und geniesse.

3. Was tut der Redner/die Rednerin, dass ich ihn oder sie als charismatisch empfinde?

Diese Frage geht mit der Frage überein, ob denn Charisma überhaupt lernbar ist.

Wenn Sie verstehen, wie Sie sich als Zuhörerin oder Zuhörer

fühlen, bewegt, berührt, inspiriert... ist es nicht mehr schwer die Frage nach dem Charisma aufzuschlüsseln und somit nicht mehr zu fragen „Wie kann ich charismatisch wirken?", sondern „Wie kann ich überzeugen?", „Wie kann ich Menschen emotional berühren?", „Wie kann ich begeistern und motivieren und wie kann ich inspirieren?"

Diese Fragen hängen mit gezielten Techniken zusammen, die wir alle erlernen können, egal ob extrovertiert oder introvertiert, das geborene Kommunikationstalent oder auch nicht. Ein Gedanke ist mir an dieser Stelle noch wichtig: Charismatisch sein heisst vor allem auch authentisch sein. Nicht jeder sollte so präsentieren wie Barack Obama oder Steve Jobs, sondern sollte zwar die richtigen Techniken und Werkzeuge anwenden, aber jeder in seinem oder ihrem Sinne, so dass Sie emotional berühren und überzeugen, motivieren und inspirieren können. Sie erreichen Ihr Ziel und tun dies auf Ihre Weise, bleiben sich selbst treu. Charismatisch sein, somit hätten wir diese Frage auch geklärt, hat also nichts mit angeborenen Eigenschaften zu tun, sondern ist etwas, das jeder und jede von uns erlernen kann. Der Weg zum Ziel wird allerdings für die einen schwerer, aber anderen fällt er leicht. Auf jeden Fall macht dieser Weg Freude und ist von zahlreichen kleinen Erfolgserlebnissen geprägt.

Charisma erleben Sie auf der zwischenmenschlichen Ebene im Alltag, aber auch wenn Sie präsentieren und Vorträge halten.

Zu den zahlreichen Techniken des Vortragens und Präsentierens, dank welchen Sie charismatischer wirken, kommen wir etwas später. Doch zuerst bleiben wir auf der zwischenmenschlichen Ebene: wenn Sie im kleinen Rahmen unterwegs sind, an einer Cocktailparty oder mit den Arbeitskollegen beim Feierabendbier.

Hier sind wir unter zahlreichen charismatischen Menschen, kein Steve Jobs oder Barack Obama, sondern ganz normale Menschen. Charismatisch sind für uns hier diese Menschen, welche uns anziehen, mit welchen wir gerne reden und diskutieren, Menschen, die wir mögen, die Charme haben. Charme und Charisma haben allerdings wenig damit zu tun, dass wir extrovertiert und laut sein müssen und sprechen sollten, wie ein Wasserfall... Nein, die Eigenschaften des charismatischen Wirkens auf Dritte sind ganz andere.

Charismatische Menschen strahlen Wärme und eine gewisse Geborgenheit aus, sind aufmerksam, gewandt, galant, zuvorkommend und haben eine angenehme Präsenz. Es geht also darum, dass sich mein Gegenüber wohlfühlt, ich mich für mein Gegenüber interessiere, ihm Interesse, Aufmerksamkeit und Neugierde entgegenbringe und positive Momente schaffe.

Was im kleinen Rahmen auf der zwischenmenschlichen Ebene sehr wohl möglich ist, wird beispielsweise bei einem Vortrag oder einer Präsentation schon schwieriger, weil scheinbar die Interaktion mit einem grösseren Publikum so viel schwieriger ist als von einem Menschen zu einem anderen. Scheinbar? Sie haben richtig gehört. Scheinbar. Denn was im kleinen Rahmen funktioniert, funktioniert genauso gut im grösseren Rahmen. Wie? Das erfahren Sie in den nächsten Kapiteln.

Sie erleben jene Herausforderungen, welche sich den meisten von uns beim Präsentieren stellen. Ich zeige Ihnen zahlreiche mögliche Ansätze, wie Sie mit diesen Herausforderungen besser umgehen können und Sie sich so auf den Weg machen können, zu wirkungsvolleren Präsentationen mit noch mehr Charme und Charisma.

Reden ist Silber, Schweigen ist Gold. Doch wann was zu sagen ist und wann nichts, das ist die Kunst gewandter Kommunikation.

2 DIE MACHT DER PAUSE

Wie würde sich wohl ein Text anhören, in welchem sämtliche Pausen fehlen? Es wäre vermutlich schwierig zu verstehen, wann ein Gedanke aufhört und wann eine neue Idee beginnt. Lassen Sie uns kurz zu den geschriebenen Texten ausweichen, einem Buch, einer Zeitung oder einer Zeitschrift.

Stellen Sie sich Ihr Lieblingsbuch vor ohne Kommas, Punkte, Frage- und Ausrufezeichen, ohne Doppel- und Strichpunkte und ohne Gedankenstriche. Wenn dann erst noch die Gross- und Kleinschreibung wegfällt und keine Absätze mehr gemacht werden, wird das Lesen zu einer so grossen Herausforderung, dass der Inhalt vermutlich ganz verloren geht.

Stellen Sie sich eine Zeitung vor ohne fett gedruckte Schlagzeilen, ohne Anführungszeichen vor Zitaten und ohne die Möglichkeit, durch Unterstreichungen und Kursivdruck bestimmte Aspekte hervorzuheben, um Ihnen etwas leicht verständlich zu erklären. Alle diese Visualisierungen helfen Ihnen, besser, leichter und vor allem angenehmer zu verstehen.

Wenn Sie sich einen Vortrag oder eine Präsentation anhören und der Redner keine Pausen macht oder diese an der falschen

Stelle einbaut, müssen Sie sich umso mehr konzentrieren, um den Inhalt doch noch zu verstehen. Je nach Tagesstimmung und Grundinteresse am Thema des Redners finden Sie vielleicht doch eine spannendere Beschäftigung oder etwas Wichtigeres zu tun als aufmerksam zu bleiben.

Garantiert ist jedoch nur, dass Sie den Redner nie als „charismatisch" bezeichnen würden...

Versuchen Sie den folgenden Text mühelos und fehlerfrei laut zu lesen. Lesen Sie anschliessend den zweiten Text. Welcher fällt Ihnen leichter? Warum?

Text 1:

wohin des weges fragte der wolf das junge mädchen mit dem roten hoodie auf dem kickboard wenn ich das denn fragen darf meine grossmutter besuche ich meinte das junge mädchen fragen darfst du mich das aber glaube bloss nicht dass ich dich nicht kenne sie nahm ihr smartphone hervor machte ein foto des wolfes und postete dieses auf facebook meine freundin hat mir ja schon gesimst dass du hier wartest also verzieh dich bevor ich noch den Jäger antweete

Text 2:

„Wohin des Weges?" fragte der Wolf das junge Mädchen mit dem roten Hoodie auf dem Kickboard „wenn ich das denn fragen darf". „Meine Grossmutter besuche ich", meinte das junge Mädchen, „fragen darfst du mich das, aber glaube bloss nicht, dass ich dich nicht kenne." Sie nahm ihr Smartphone hervor, machte ein Foto des Wolfes und postete dieses auf Facebook: „Meine Freundin hat mir ja schon gesimst, dass du hier wartest, also verzieh dich, bevor ich noch den Jäger antweete!"

Also, wie transferieren Sie nun die Funktionen und Wirkungen von Satzzeichen, Absätzen und Hervorhebungen aller Art in Ihre Rede oder Ihre Präsentation? Fassen Sie den Mut, Pausen zu machen! Hier drei wichtige Tipps zur Macht der Pause.

Tipp 1: Am Anfang stand die Pause

Ich finde es immer wieder spannend bei Präsentationen zu beobachten, wann diese beginnen und wie sie beginnen. Gehen wir kurz zurück zu unserer Cocktailparty. Treffen Sie eine Ihnen noch unbekannte Person, schauen Sie diese zuerst an, von oben bis unten, strecken dann Ihre Hand aus und stellen sich vor. Beim Präsentieren ist es genauso. Kommen Sie in den Raum, nehmen Sie Ihre Redeposition ein und schweifen Sie mit Ihrem Blick wie ein Leuchtturm über das Publikum. Sie geben dem Publikum so die Gelegenheit, Mobiltelefone wegzuräumen, Gespräche zu beenden und schliesslich Sie anzusehen und Ihnen die Legitimation zum Sprechen zu geben. All dies passiert, ohne dass Sie ein Wort sagen müssen, oder zur Ruhe ermahnen müssen. Falls dies notwendig sein sollte, übernehmen das meist andere Zuhörer für Sie.

Ihr Publikum braucht diese paar Sekunden und Sie brauchen diese Zeit genauso. Bündeln Sie Ihre Gedanken und stellen Sie sich auf das Publikum ein. Sie sichern sich so eine positive Grundatmosphäre und die Gunst Ihres Publikums, noch bevor Sie wirklich beginnen.

Tipp 2: Ein neuer Gedanke, ein neuer Abschnitt

Die Pause steht nicht nur am Anfang, sondern auch immer da, wo sie auf dem Papier vorhanden ist. Bei neuen Gedanken folgt ein neuer Abschnitt; eine Zeile bleibt weiss. Diese Pause zwischen Gedanken ist deshalb wichtig, dass Sie als Leser den einen Gedanken abschliessen und sich darauf einstellen können, das jetzt eine neue Idee, ein neuer Denkansatz oder ganz einfach ein anderes Thema folgt.

Diese paar Sekunden braucht auch Ihr Publikum. Eine regelmässige Klientin von mir ist beim Präsentieren jeweils wahnsinnig leidenschaftlich. In der letzten Coaching Session meinte sie: „Ich kann doch nicht einfach da stehen und nichts tun!" „Das müssen Sie auch nicht!" antwortete ich ihr. Nutzen Sie die Zeit, um zu sehen, ob Sie von Ihrem Publikum verstanden wurden, beobachten Sie, wann Sie wieder aufmerksam und neugierig angesehen werden und das Publikum bereit ist für mehr. Um die Pause zu visualisieren, zu zeigen, dass ein neuer Gedanke, dass etwas Anderes oder Neues folgt, und gleichzeitig um auch nicht NICHTS zu tun, hilft es, wenn Sie sich ein paar Schritte – inhaltlich und physisch - von einem Punkt zum nächsten bewegen. Am Zielstandort fassen Sie Ihre Gedanken, blicken wie ein Leuchtturm in die Runde und beginnen dann erst mit dem nächsten Punkt. Probieren Sie's aus!

Tipp 3: Die Pause als Betonung

Die Pause kann Ihnen jedoch auch helfen, bestimmte Wörter und Aussagen hervorzuheben. Wir sprechen hier von einer sogenannten Kunstpause, oder eben der „Zäsur". Der Begriff der Zäsur beschreibt in der Vers-Lehre nach Duden einen „metrischen Einschnitt eines Verses", bzw. in der Musik einen „durch eine Pause oder ein anderes Mittel markierten Einschnitt im Verlauf eines Musikstückes".

Vergleichen Sie die folgenden beiden Auszüge aus ein und derselben Präsentation, einmal mit gesetzten Zäsuren und einmal ohne.

Hier die erste Version OHNE Zäsur:

"Mir sind drei Unterschiede zwischen afrikanischen und asiatischen Elefanten besonders wichtig:

1. Afrikanische Elefanten sind grösser und somit auch schwerer;
2. Die Haut afrikanischer Elefanten ist runzlig, jene asiatischer Elefanten eher glatt; und
3. Die Ohren afrikanischer Elefanten sind gross, reichen über den Hals hoch; jene von asiatischen Elefanten sind kleiner und reichen nicht über den Hals hoch."

Und? Können Sie sich optimal an die drei Merkmale erinnern? War es einfach oder schwierig die beiden Elefantenarten auseinanderzuhalten? In diesem Auszug war zwar inhaltlich alles optimal strukturiert, aber es fehlten die Zäsuren.

Hier noch einmal derselbe Auszug, jedoch mit Zäsuren (**|**) und Betonungen:

"Mir sind *drei Unterschiede* zwischen afrikanischen **|** und asiatischen Elefanten **|** besonders wichtig: **|**

1. **|** *Afrikanische* Elefanten **|** sind *grösser* **|** und somit auch *schwerer* **|**
2. **|** Die Haut *afrikanischer* Elefanten ist *runzlig,* **|** jene *asiatischer* Elefanten **|** eher *glatt* **|** und
3. **|** Die *Ohren afrikanischer* Elefanten **|** sind gross, **|** reichen *über* den Hals hoch; **|** jene von *asiatischen* Elefanten **|** sind *kleiner* **|** und reichen *nicht* über den Hals hoch."

Wie war es diesmal für Sie? War der Auszug besser verständlich? Haben Ihnen die Zäsuren geholfen?

Zäsuren lassen sich wie hier in Aufzählungen einsetzen um die Punkte klar von einander zu trennen, aber auch, um beispielsweise komplexe oder wichtige Begriffe zu betonen. Nehmen Sie folgenden Satz als Beispiel; wieder zuerst ohne

Zäsur:

„In der Musik nennt man dies eine Zäsur"

Und nun mit EINER Zäsur:

„In der Musik nennt man dies ❚ *eine Zäsur.*"

Wenn wir bei diesem Satz in die Musikwelt ausweichen, mag dies den einen oder anderen Zuhörer überraschen, er oder sie braucht kurz Zeit, sich auf den Exkurs einzustellen. Sie können hier eine zusätzliche „Verdauungszäsur" einbauen.

Hier nun die Version mit der Verdauungszäsur direkt nach der Musik:

„In der Musik ❚ nennt man dies ❚ eine Zäsur."

Diese magischen Kurzpausen, die Zäsuren, helfen einerseits Ihnen selbst, sich zu strukturieren und festzulegen, was Ihnen wichtig ist. Andererseits unterstützen diese aber auch das Publikum, welches gewisse Dinge verdauen muss und sich auf etwas Neues oder Komplexes einstellen muss.

Übrigens, die Pause ist auch der perfekte Moment entspannt durchzuatmen. Ihre Stimme wirkt ruhiger, der Sprechfluss ist besser und, falls Sie beim Präsentieren nervös werden sollten, kann die Pause eine durchaus beruhigende Wirkung entfalten.

Der deutsche Autor Kurt Tucholsky sagte einst Folgendes: „Sie sprach so viel, dass ihre Zuhörer davon heiser wurden." Also tun Sie sich und Ihrem Publikum einen Gefallen und nutzen Sie die Macht der Pause.

Verändern sich Ihre Emotionen, verändert sich Ihre Körpersprache.

Verändern Sie bewusst Ihre Körpersprache,
so verändern sich auch Ihre Emotionen und Ihre Wirkung auf Ihr Publikum.

3 RUHIGE NERVEN

Nervosität und Lampenfieber scheinen die Hauptprobleme von Rednern zu sein. Manche von uns scheint das Lampenfieber auch nie mehr vollständig zu verlassen; diese Hoffnung muss ich den meisten von Ihnen rauben. Das Lampenfieber wird vermutlich nie ganz vergehen. Die Schweissausbrüche, Übelkeit, zittrigen Knie und der ausgetrocknete Mund, die brüchige Stimme und die schnelle Atmung werden Sie vermutlich noch etwas begleiten, aber das Lampenfieber verändert sich mit der Zeit und Sie können die Energie, welche im Lampenfieber steckt für sich und Ihr Publikum nutzen lernen. Es verändert sich schon sehr viel, wenn Sie sich bewusst machen, dass das Lampenfieber kommen wird, wie es sich anfühlt, und wann es auch wieder vorbei geht und dem Gefühl Platz macht, dass Sie es geniessen, vor Ihrem Publikum zu stehen.

Wenn Sie gegen die Symptome der Nervosität ankämpfen möchten, können Sie 3 Ansätze verfolgen:

1. Lindern Sie die am einfachsten zu lindernden Symptome
2. Beruhigen Sie sich innerlich, um die körperlichen Symptome zu reduzieren
3. Beruhigen Sie sich äusserlich, um innere Ruhe zu

schaffen

Am einfachsten zu lösen ist der trockene Mund. Kaugummi und Wasser schaffen hier Abhilfe - nicht nur vor Ihrer Rede oder Präsentation, sondern trinken Sie auch während der Präsentation genügend Wasser. Ein gefülltes Glas reicht meist nicht und aus einer Flasche alle 5 Minuten nachzuschenken ist auch nicht ideal. Fragen Sie ganz einfach bei den Organisatoren nach mehreren Gläsern und halten Sie diese in Ihrem Rednerpult bereit. Es empfiehlt sich, auf stilles Wasser ohne Kohlensäure auszuweichen. Wenn Sie nervös sind und zu schnell trinken, kann es sein, dass sich die Kohlensäure „bemerkbar macht", was es eher zu vermeiden gilt.

Um generell etwas mehr innere Ruhe zu schaffen gibt es natürlich die verschiedensten Techniken. Ich habe Kunden, die gehen vor Vorträgen schwimmen oder im Wald spazieren, andere praktizieren eine der verschiedenen Yoga-Arten; es kommt ganz auf Sie an, was Ihnen gut tut und was Ihnen zu mehr Wohlbefinden verhilft.

Unmittelbar vor einer Präsentation steigt die Spannung und die innere Ruhe schwindet, egal wie viele Längen Sie nun im Schwimmbad zurückgelegt haben. Der Puls steigt, damit verbunden beginnt ein leichtes Schwitzen, die Atmung wird schneller, körpersprachlich ziehen Sie vermutlich die Schultern hoch und nach vorne. So bekommen Sie noch weniger Raum, um zu atmen, wodurch sich wiederum die Atmung beschleunigt, und die Nervositätsspirale nimmt ihren Lauf... es sei denn, Sie unterbrechen diese.

Es gibt hierfür zwei spannende Übungen aus der Atem- und Sprechtechnik:

Übung 1: Bei der ersten Übung stehen Sie mit den Füssen hüftbreit auseinander, die Arme liegen seitlich am Körper an. Ziehen Sie nun Ihre Schultern so weit hoch, wie es nur geht und halten Sie diese Spannung für ein paar Sekunden. Lassen Sie nun Ihre Schultern fallen.

Übung 2: Bleiben Sie mit Ihren Füssen hüftbreit stehen und drehen Sie sich nach links. Ihr Kopf zieht die Bewegung und die Achse des Körpers dreht sich. Ziehen Sie mit dem Kopf nun nach rechts, und wieder nach links. Ihre Arme schwenken mit, je intensiver die Bewegung wird. Steigern Sie das Tempo so, dass Ihre Arme bei jeder Drehbewegung locker nach oben geworfen werden und sogar die gegenüberliegende Schulter berühren. Dies lockert die Schultern und öffnet die Haltung. Sie können auch einfach vor sich hin lachen und so das Zwerchfell entspannen.

Bevor Sie nun den Schritt ans Rednerpult bzw. vor Ihr Publikum wagen, gehen Sie gedanklich noch einmal durch, wie Sie sich vorbereitet haben, wo welches Material liegt, wer in Ihrem Publikum sitzt und welches die 3 Kernaussagen sind, die Ihr Publikum aus Ihrem Vortrag oder Ihrer Präsentation mitnehmen soll.

Wenn Sie nun vor Ihr Publikum treten, nehmen Sie sich die Zeit, die erste Pause zu nehmen, wie Sie es bereits gelesen haben. Stellen Sie sich ruhig vor Ihr Publikum, lassen Sie Ihren Blick durch das Publikum schwenken, freuen Sie sich über jeden Einzelnen, der anwesend ist, und starten Sie dann freudig in Ihre Präsentation. Je positiver Sie auf Ihr Publikum zugehen, sich auf dieses freuen, umso positiver kommt die Energie des Publikums auf Sie zurück. Dies gibt Ihnen wiederum ein gutes Gefühl und nimmt Ihnen die Nervosität. So erhalten Sie die Energie, um Ihr Publikum zu fesseln und zu begeistern.

„Halt suchen" heisst nicht zwangsläufig „sich festhalten"... an einem Kugelschreiber, der Fernbedienung oder seinen Notizen.

4 WOHIN MIT DEN HÄNDEN?

Eine perfekte Struktur, ein Teaser als Einleitung und gezielter Stimmgebrauch sind schon ein super Start, doch überzeugend und charismatisch zu wirken, bedingt auch entsprechenden Körpereinsatz. Wie intensiv gestikuliert wird, ist sehr individuell. Der eine mag konstante Bewegungen der Arme und Hände, der andere zieht sich mit seinen Händen lieber in die Hosentasche zurück. Der optimale Weg liegt irgendwo dazwischen. Nicht genau in der Mitte, denn jeder von uns hat seine Art zu gestikulieren, der eine gestikuliert mehr, der andere weniger. Wichtig beim Gestikulieren ist die Funktionalität – Ihre Gesten sollen den Inhalt, also was Sie sagen, unterstützen. Dasselbe tun Sie auch mit Ihrer Stimme. So entsteht ein schlüssiges und in sich stimmiges Gesamtbild.

Eine Studie von Albert Mehrabian brachte die sogenannte Regel von 7, 38 und 55 hervor. Oft wird die Regel so verstanden und kommuniziert, dass 7% unserer Kommunikation verbal seien, d.h. sich auf den Inhalt, unsere Worte beziehen, 38% akustisch, d.h. stimmlich und 55% mit der Körpersprache und der Mimik zusammenhängen. Dies stimmt allerdings nur dann, wenn Ihre Aussage, die körpersprachlichen und die stimmlichen Signale nicht übereinstimmen. Dann kommt beim Publikum eine gewisse Skepsis auf und Ihre Zuschauer stellen sich die Frage, ob sie Ihren Aussagen auch wirklich trauen. In diesem Moment zählt nicht mehr primär was Sie sagen, sondern zu 55% Ihre Körpersprache, zu 38% Ihre Stimme und gerade mal zu 7% Ihre Worte.

Wohin gehören nun Ihre Hände? Sicherlich nicht in die Hosentaschen und nicht vors Gesicht. Ihre Hände gehören über die Gürtellinie und unter die Brustlinie. Stellen Sie sich ein imaginäres Rechteck direkt vor Ihrem Körper vor. Darin sollten sich Ihre Hände immer bewegen. Wie klein oder gross Sie innerhalb dieses Rechtecks gestikulieren hängt von der sogenannten 3-Gelenke-Regel ab.

Stellen Sie sich ein romantisches Abendessen vor, bei dem Ihr Gegenüber Ihnen wild und mit grossen Gesten von seinen beruflichen Erfolgen erzählt, fällt dies wortwörtlich aus dem Rahmen. In diesem intimen Rahmen reichen kleine Gesten, d.h. basierend auf der 3-Gelenke Regel brauchen Sie nur das Handgelenk, das erste der 3 Gelenke; das 2. Gelenk, Ihre Ellbogen und das 3. Gelenk, die Schultern, brauchen Sie nicht.

Stehen Sie allerdings vor einer kleinen Gruppe Menschen, beispielsweise in einem Konferenzraum, nehmen Sie ganz einfach zu den Handgelenken auch Ihre Ellbogen hinzu. Lassen diese aber am Körper anliegen. Ihre Gesten werden grösser und passen sich der Raumgrösse an.

Stellen Sie sich nun für das dritte Gelenk einen grossen Saal, ein Auditorium vor. Um bis ganz nach hinten – in Reihe 27b - gesehen zu werden, müssen Ihre Gesten noch grösser werden; öffnen Sie Ihre Arme, bleiben Sie mit den Händen aber nach wie vor in Ihrem imaginären Rechteck vor Ihrem Körper.

Gehen Sie die 3-Gelenke Regel noch einmal durch aber in der

folgenden Situation:

Sie sind wieder in einem gemütlichen Restaurant, auf dem Tisch ein weisses Tischtuch, ein gutes Glas Wein, gedämpfte Musik im Hintergrund und das Ganze bei Kerzenlicht. Wenn Sie jetzt nur Ihre Handgelenke bewegen und die Gesten ganz klein halten, passt dies perfekt in das entspannte, gemütliche Ambiente. Stellen Sie sich nun vor, wie Sie das zweite Gelenk hinzunehmen und plötzlich auch Ihre Ellbogen mitbewegen. Ihre Gesten werden grösser und passen irgendwie nicht mehr in die gemütliche, intime Atmosphäre. Nehmen Sie jetzt noch Ihre Schultern hinzu und werden Sie mit Ihrer Gestik noch grösser. Stellen Sie sich auch Ihr Gegenüber am Tisch vor mit denselben riesigen Gesten. Wie wirkt das auf Sie? Passen Sie also Ihre Gesten immer dem Rahmen an und halten Sie Ihre Hände innerhalb des imaginären Rechtecks direkt vor Ihrem Körper.

„Die Hände gehören stets in den Bereich zwischen der Gürtellinie und der Brustlinie."

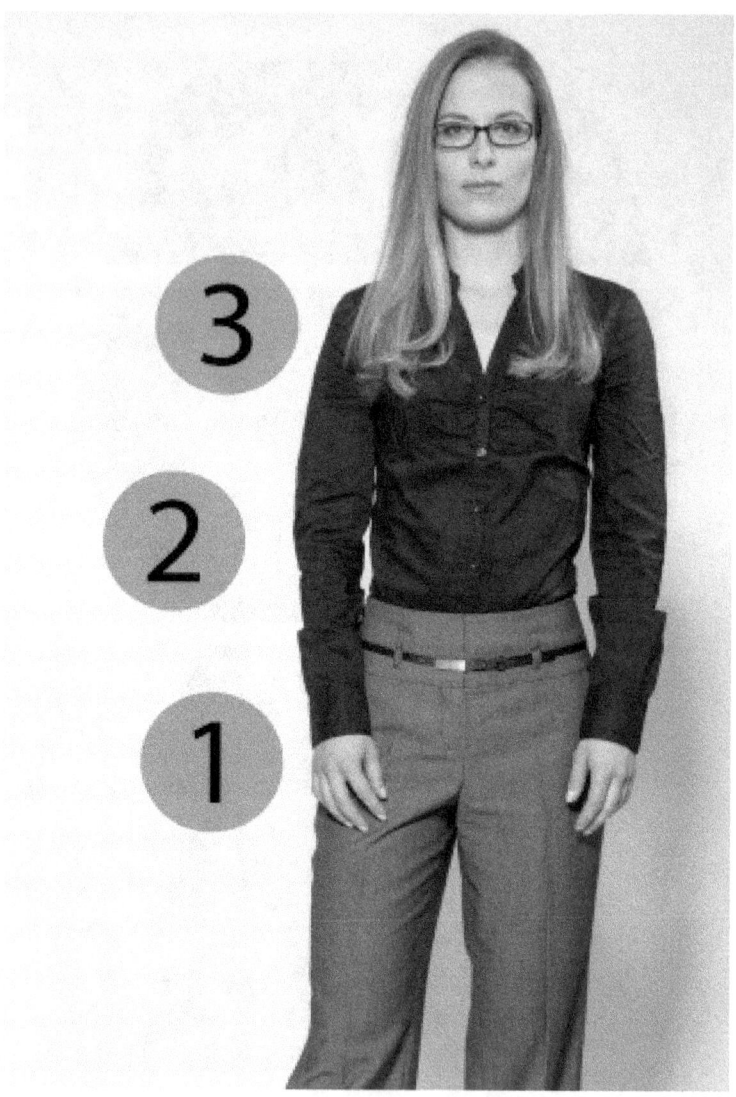

„Mit der Grösse des Publikums variiert auch der Einsatz der Gelenke, d.h. die Grösse der Gestik"

Lenken Sie die Blicke des Publikums mit Ihrem Körper und werden Sie zum Leuchtturm.

5 SCHAU MIR IN DIE AUGEN, KLEINES!

Sie haben ja bereits erfahren, dass die Pause von höchster Wichtigkeit ist, besonders zu Beginn einer Präsentation, noch bevor Sie das Publikum begrüssen. Diese Pause sollten Sie nutzen, um Ihr Publikum anzusehen. Wer sitzt da? Wie jung oder alt sind die Zuschauer? Wie ist das Verhältnis von Frauen zu Männern? Blicken Sie einmal von links nach rechts durch die Gesichter und dann wieder zurück von rechts nach links. Ihr Publikum nutzt diese Zeit, um Mobiltelefone zu verstauen oder das Gespräch mit dem Sitznachbarn zu beenden. Ist dies getan merken Sie, wie sich die Aufmerksamkeit automatisch auf Sie richtet. Sie können beginnen.

Blickkontakt heisst Kommunikation und Vertrauen. Oft sieht man auch, wenn Menschen lügen, dass Augenkontakt vermieden wird - das andere Extrem - dass gestarrt wird. Es gibt stets beide Extreme; ein Grund mehr, vertrauenswürdigen Blickkontakt zu halten.

Ich verwende gerne das Bild des Leuchtturms, um den schweifenden Blick über das Publikum zu erklären. Schauen Sie von rechts nach links und von links wieder zurück nach rechts. Beginnen und enden Sie jeweils bei der Person ganz aussen, sodass Sie Ihr gesamtes Publikum wahrnehmen und sich auch das gesamte Publikum wahrgenommen fühlt.

Dies hilft zwar Ihrem Publikum schon sehr, doch ist dies vermutlich für Sie selbst noch keine befriedigende Lösung. Es ist für Sie auch wichtig zu beobachten, ob Ihr Publikum Sie versteht und aufmerksam ist, ob Sie eine Pause machen, oder ein weiteres Beispiel zur Erklärung geben sollten. Hierzu legen Sie bei Ihrem Leuchtturmblick ganz einfach bei bestimmten Personen kurze Pausen von 10-15 Sekunden ein; gerade bei wichtigen Aussagen ist dieser individuelle Blickkontakt hilfreich. Dann, wenn Sie in einem normalen Gespräch mit Ihrem Blick kurz von Ihrem Gegenüber weichen, sollten Sie bei einer Präsentation mit Ihrem Blick von der einen Person zu einer anderen auf der anderen Seite des Raumes wechseln. Mit dem Leuchtturmblick decken Sie zwar das Publikum bis ganz nach aussen ab, doch mit den Individualblicken sollten Sie sich auf das mittlere Drittel Ihres Publikums konzentrieren. Der grösste Teil des Publikums fühlt sich aufgrund der Position Ihres Oberkörpers und der damit verbundenen Richtung der Gestik stets wahrgenommen.

Zahlreiche Redner haben die Schwierigkeit, dass sie sich zu oft zur Leinwand umdrehen und den Zuschauern ihren Rücken zudrehen. Der Blickkontakt, der Kontakt zum Publikum und damit die Aufmerksamkeit ihrer Zuschauer entfallen. Eine pragmatische Lösung für den Fall, dass Sie auf der Leinwand etwas zeigen möchten, ist, dass Sie sich nur leicht in Richtung der Leinwand bzw. der Projektionsfläche drehen. Dann blickt Ihr Publikum automatisch dahin.

Versuchen Sie bei Ihrer nächsten Präsentation folgendes: Stehen Sie von sich aus gesehen mit Blickrichtung Publikum rechts vor der Leinwand. Sobald eine wichtige Aussage auf der Leinwand erscheint oder Sie ein Modell oder eine Grafik erläutern, drehen Sie Ihren linken Fuss um 70-90% nach links, der rechte Fuss bleibt auf das Publikum gerichtet. Dies reicht in der Regel schon aus, damit sich die Blicke des Publikums auf die Projektionsfläche richten. Wenn Sie zusätzlich noch eine kurze Geste mit Ihrer linken Hand einbauen, haben Sie die Blicke des Publikums vollständig im Griff. Möchten Sie die Blicke nun zu sich zurück ziehen, drehen Sie Ihren linken Fuss ganz einfach wieder in Richtung des Publikums. Dieses wird durch Ihre Körpersprache geführt und Sie halten Blickkontakt! Probieren Sie's aus!

Seien Sie für jede Publikums-Frage dankbar, besonders für alle provokativen Fragen.

6 DER UMGANG MIT FRAGEN

Soll ich Fragen überhaupt zulassen? Was, wenn ich die Antwort auf eine Frage nicht kenne? Was, wenn eine Frage so kritisch ist, dass sie mir meine gesamte Präsentation zunichte macht? Was, wenn Konkurrenten oder Skeptiker im Raum sind? Wie gehe ich mit Selbstdarstellern um? Was, wenn gar keine Fragen gestellt werden?

Dies sind Fragen und Ängste von Rednern, mit welchen ich mich wieder und wieder konfrontiert sehe. Fragen, die allesamt beantwortet werden können.

Doch zuerst möchte ich folgendes festhalten: Fragen sind nichts, wovor Sie Angst haben müssten.

Wenn Fragen gestellt werden, heisst das, dass die Zuschauer mitgedacht haben, neugierig geworden sind und mehr erfahren möchten. Seien Sie also dankbar für Fragen: Mit dem einen oder anderen Besserwisser im Publikum, der Ihnen gerne die Show stehlen möchte, lernen Sie noch umzugehen.

Sollen Sie Fragen überhaupt zulassen?

Selbstverständlich sollen Sie. Fragen ermöglichen Ihrem

Publikum und Ihnen, Unklarheiten zu beseitigen und Verständnis sicherzustellen.

Überlegen Sie sich aber im Voraus, wann Fragen gestellt werden können! Möchten Sie lieber unterbrochen werden, oder besteht am Ende der Präsentation die Möglichkeit diese zu stellen. Je nach Grösse des Publikums und des Zeitplanes empfiehlt sich die eine oder die andere Möglichkeit. Informieren Sie Ihr Publikum aber auf jeden Fall ganz zu Beginn der Präsentation, wann genau Fragen gestellt werden dürfen.

Sobald nun der Zeitpunkt gekommen ist, Fragen zu stellen, bedanken Sie sich zuallererst für die gestellte Frage und klären gegebenenfalls, ob Sie die Frage richtig verstanden haben: „Verstehe ich Sie richtig, dass Sie wissen möchten, ob, warum..." und so weiter. In einem grösseren Raum ist es wichtig, die Frage zu wiederholen, so dass alle im Raum diese verstehen. Wer weit hinten sitzt kann zwar *Sie* hören, nicht jedoch die Fragen aus dem Publikum. Sie haben dies sicherlich schon selber als Zuschauer erlebt und wissen, wie unbefriedigend es ist, eine Antwort zu hören, wenn Sie die dazugehörende Frage nicht kennen.

Haben Sie die Frage richtig verstanden und wiederholt, müssen Sie natürlich auch wissen, wie Sie diese abschliessend und vor allem begründet beantworten können. Wichtig ist auch hier wieder die Struktur Ihrer Antwort.

Hier 5 mögliche Ansätze, wie Sie eine Frage überzeugend und vollständig beantworten können:

Der 1. Ansatz: Ansicht, Begründung, Beispiel, Ansicht

Musikfans dürfen sich gerne auch die Kurzform merken: ABBA.

Erklären Sie zuerst Ihre Ansicht, Ihren Standpunkt, Ihre

Position, gefolgt von Ihren Beweggründen, warum dieser Standpunkt für Sie Sinn macht. Verwenden Sie ein nachvollziehbares Beispiel, an welchem Sie aufzeigen, dass Ihr Standpunkt auch umsetzbar ist. In ein bis zwei kurzen Abschlussätzen schliessen Sie den Kreis wiederum mit Ihrer Ansicht.

Der 2. Ansatz: Geschlossene Fragen

Auch bei geschlossenen Fragen, welche sich auf Ratschläge beziehen, sollten Sie unbedingt sicherstellen, dass sich der Kreis schliesst und Sie Ihre Kernaussage wiederholen. Sie beantworten also die Frage mit „Ja", „Nein" oder „Es kommt darauf" an, geben ein Beispiel um aufzuzeigen, wie die Umsetzung in der Realität funktioniert, und wiederholen die direkte Antwort auf die Frage.

Der 3. Ansatz: Begründung vs. Rechtfertigung

Dieser Ansatz hilft Ihnen dann, wenn Sie Entscheidungen begründen oder Empfehlungen für die Entscheidungsfindung machen müssen. Der 3. Ansatz lautet: Ausgangslage, Lösung, Nutzen. Sie beginnen mit der Ausgangslage, der momentanen Situation inklusive den derzeitigen Herausforderungen. Zeigen Sie dann den Lösungsansatz auf, welchen Sie gewählt haben und schaffen so einen direkten Bezug zum Nutzen für die Entscheidungsträger.

Der 4. Ansatz: Prozesse aufzeigen

Dieser Ansatz hilft Ihnen, Entwicklungen aufzuzeigen: Der 4. Ansatz heisst: Vergangenheit, Gegenwart, Zukunft. Was war früher, wie ist es heute und wie wird die Zukunft aussehen, wenn sich die Dinge so entwickeln wie Sie dies erwarten.

Der 5. Ansatz: Best Case, Worst Case, Realistic Case

Dieser hängt mit einer Prognose zusammen und besteht aus

dem Best-Case, dem Worst-Case, und einer realistischen Einschätzung. Zeigen Sie auf, welche Faktoren massgeblich für den Erfolg eines Produktes, einer Dienstleistung oder eines Projektes sind. Zeigen Sie auf, wie diese Faktoren zum Best-Case und wie sie zum Worst-Case führen können. Schliessen Sie mit einer für Sie realistischen Einschätzung des zukünftigen Verlaufs.

Sie haben 5 Möglichkeiten kennengelernt Fragen zu beantworten. Dennoch kann die Situation der Fragerunde zur Zitterpartie werden.

Vier Beispiele der häufigsten Zitterpartien:

Zitterpartie 1: Die einengende Frage

Ein Zuschauer engt Sie mit einer Frage ein und zwingt Sie scheinbar zu einer Entscheidung: „Welche Option ist nun besser, Option A oder Option B?". Die beste Antwort bei solch einengenden Fragen ist oft „Es kommt darauf an." Öffnen Sie Ihre Perspektive, gehen Sie einen Schritt zurück, weiten Sie die Frage und beantworten Sie diese schliesslich. Zeigen Sie, mit einer der Methoden, die wir soeben gelernt haben, wann welche Option besser ist oder zeigen Sie nach dem ABBA-System „Ansicht, Begründung, Beispiel, Ansicht " auf, wie Sie zu Ihrer Entscheidung kommen.

Zitterpartie 2: Sie kennen die Antwort auf eine Frage nicht

Stehen Sie dazu und bleiben Sie ruhig. „Dies ist eine ganz spannende Frage. Ich kann Sie Ihnen momentan so allerdings nicht beantworten. Geben Sie mir doch später beim Aperitif Ihre Karte und ich komme mit der ausführlichen Antwort gerne direkt auf Sie zu." Dies ist klar, direkt und zeigt Ihre Hilfsbereitschaft dem Publikum gegenüber. Das funktioniert doch einiges besser, als sich spontan eine dürftige Antwort zusammenzureimen?

Übrigens, dieselbe Taktik funktioniert auch im Umgang mit kritischen Zuschauern oder Selbstdarstellern:

Zitterpartie 3: Der Angriff

Gehen Sie nie zum Angriff gegen jemanden im Publikum über. Sie blamieren sich höchstens selbst oder schaffen sich Antipathien. Wenn jemand einen eher negativen Unterton wählt, ignorieren Sie diesen nicht, sondern thematisieren Sie die Kritik: „Ich bin froh, dass Sie diesen Aspekt erwähnen. Dies ist tatsächlich ein Kritikpunkt welcher oft erwähnt wird. Ich kann Ihnen hierzu folgendes sagen:...". Zeigen Sie, dass Sie den Fragenden ernst nehmen und bringen Sie ihm Respekt entgegen. Gehen Sie gleichzeitig auf die kritischen Bedenken ein und nutzen Sie die Möglichkeit diese für das gesamte Publikum aus dem Weg zu räumen.

Ich moderierte vor kurzem eine Referatsserie für Hedge-Fund Manager in Zürich. Ein deutscher Forscher hielt sein Referat und war bereit für die Fragerunde. Eingeplant waren 25 Minuten. Anzahl Fragen... keine einzige.

Zitterpartie 4: Was, wenn keine Fragen gestellt werden?

Der Referent stand ganz perplex auf der Bühne. Das Publikum war von seinem Vortrag begeistert und nun kommen keine Fragen?

Ich stellte dem Referenten ein paar Fragen, welche wir gemeinsam vorbereitet hatten und leitete dann zum Aperitif über, erwähnte jedoch, dass der Referent noch 20 Minuten für individuelle Fragen zur Verfügung stehe. Die Hedge-Fund Manager standen vor der Bühne Schlange und überhäuften den Referenten mit Fragen. Was hier passierte ist nicht etwa, dass sich niemand getraut hätte im Plenum zu fragen, sondern viel eher, dass das Publikum aus direkten Konkurrenten bestand. Jede Antwort auf eine Frage hätten jeweils die Konkurrenten auch gehört. Also behielten sich die Hedge-Fund Manager ihre Fragen für die individuelle Fragerunde auf. In solchen Situationen macht es also Sinn, nicht sich selbst kritisiert zu sehen, sondern die Situation sauber zu analysieren.

3 Buchstaben, 3 Begriffe oder 3 Geschichten. Was, wie viel und ob sich Ihr Publikum etwas merken kann, entscheiden Sie!

7 DIE DREI

Die Zahl 3 kommt in der Rhetorik und der Präsentationstechnik an den verschiedensten Orten und in den verschiedensten Funktionen vor. Diese 3 ist also so wichtig, dass ich ihr ein gesamtes Kapitel widme.

Hier einige Beispiele, wo die DREI überall auftaucht: Die französische Revolution lebte von Liberté, Egalité, Fraternité, die Kirche macht sich die heilige Dreifaltigkeit zu nutzen, aber auch die 3 Fragezeichen sind Geheimnissen auf der Spur und die 3 Musketiere wurden sogar mehr als nur dreimal verfilmt. Kinder möchten etwas Spannendes, etwas zum Spielen und Schokolade. Wenn abgekürzt wird, kommt die DREI sogar noch mehr zum Zuge: Mit der PIN wird Geld abgehoben, die CEOs und CFOs von ABB und IBM fahren alle BMW mit ABS und wenn Sie noch weitere Beispiele suchen, dann gehen Sie doch ganz ins www.

Irgendwie scheint mit unserer lieben 3 alles etwas einprägsamer, spannender und freudiger zu sein.

Die 3 als Struktur für eine Präsentation

Wenn Geschichten erzählt oder Aufsätze verfasst werden, erfolgt die inhaltliche Strukturierung jeweils in Einleitung, Hauptteil und Schluss, also in 3 Teilen. Dies gilt genauso beim Präsentieren. Einleitung, Hauptteil und Schluss gehören zu jeder Präsentation, egal ob für den Verkauf oder das Überbringen von Informationen einfach mit dazu.

Einleitung, Hauptteil und Schluss können allerdings auch ganz anders beschrieben werden:

1. Sagen Sie, was Sie sagen werden
2. Sagen Sie es
3. Sagen Sie, was Sie gesagt haben

Die 3 als Wiederholung

Wenn Sie sagen, was sie sagen werden, es sagen und sagen, was Sie gesagt haben, besteht tatsächlich die Chance, dass Ihre Kernpunkte auch verstanden werden und sich Ihr Publikum auch Tage nach der Präsentation noch an die Kernaussagen erinnert. Je öfter eine Information wiederholt wird, umso eher wird sie wahrgenommen. Je mehr eine Information wiederholt wird, umso eher wird sie wahrgenommen. Je mehr eine Information wiederholt wird, umso eher wird sie wahrgenommen. Nun gut, belassen wir's bei diesen drei Wiederholungen.

Norbert Schwarz von der University of Michigan hat eine spannende Studie verfasst. Er beschreibt, dass die Wiederholung sogar mächtiger sein kann als die Wahrheit. Je mehr eine Information also wiederholt wird, um so leichter glauben wir daran. Es macht natürlich noch einen Unterschied, vom wem wir etwas hören oder gesagt bekommen. Die Wiederholung scheint sich für Sie zumindest dann zu lohnen, wenn Sie diese pädagogisch wertvoll einsetzen, Ihrem Publikum sagen, was Sie sagen werden, es sagen, und sagen, was Sie gesagt haben.

Sie verstehen nun, dass Sie Ihre Kernaussagen wiederholen sollten, wie *viele* Kernaussagen es sein sollten, das können Sie sich mittlerweile denken: 3 Kernaussagen.

Wir Menschen sind vergesslich. Wissen Sie noch, was Sie gestern im Supermarkt eingekauft haben, was vor einer Woche oder vor einem Monat? Je weiter zurück ein Ereignis liegt, umso schlechter erinnern wir uns daran. Also helfen Sie der Erinnerung Ihres Publikums auf die Sprünge: Formulieren Sie drei Kernaussagen, die Ihnen besonders am Herzen liegen, 3 Kernaussagen, von denen Sie möchten, dass sich Ihr Publikum daran erinnert. 3 Kernaussagen, die Sie in der Einleitung, im Hauptteil und im Schlussteil Ihrer Präsentation wiederholen. So schaffen Sie mit der 3 Klarheit, Struktur und die notwendige Wiederholung, also gleich *drei* Dinge auf einmal.

Früher wurde Wissen in Form
von Geschichten
weitergegeben.
Und heute?

8 DIE MACHT VON GESCHICHTEN

Erinnern Sie sich an die Geschichten, welche Sie als Kind gehört haben? Geschichten, die Ihnen erzählt und vorgelesen wurden? Geschichten von fernen Ländern und anderen Welten?

Eine meiner liebsten Geschichten war „Charlie und die Schokoladenfabrik" von Roald Dahl. Ich liebte die Fantasiewelten von Willie Wonka und amüsierte mich köstlich ab den einzelnen Charakteren und deren Eigenheiten, welche ihnen schliesslich zum tragischen Verhängnis wurden. Ich klebte meiner Mutter beim Vorlesen an den Lippen und flehte sie um jede zusätzliche Seite an, die sie mir vor dem Zubettgehen vorlesen würde.

Geschichten schaffen es nicht nur, Emotionen zu wecken, sondern auch komplexe Inhalte und philosophische Gedankengänge so zu übersetzen, dass wir einen Zugang dazu finden.

In der Geschäftswelt sind die spannendsten Redner jene mit Nachwirkung, welche ihre Erfahrung teilen, aus dem

Nähkästchen plaudern, d.h. Geschichten erzählen, welche uns zum Mit*denken* und Mit*fühlen* inspirieren. Diese Geschichten lassen uns an Erfahrungen und nicht nur an reinem Wissen teilhaben. So waren Geschichten über Jahrhunderte die Form, wie Wissen und Erfahrungen von einem Menschen zum nächsten weitergegeben wurden; schon die Höhlenbewohner erzählten sich am Feuer Geschichten über den bitteren Kampf gegen ein Mammut, welches es zu erlegen galt. Heute erhalten Sie auf Facebook dann die meisten ‚Likes', wenn Sie Geschichten erzählen, oder zumindest so knackige Satzfragmente, Fotos oder Kommentare uploaden, dass diese zu Geschichten inspirieren.

Geschichten werden auch ganz gezielt in der Form des sogenannten „Storytelling" eingesetzt: Im Schulunterricht, in der Psychologie oder als eigene Kunstform auf der Bühne. Geschichten verhelfen Marketing, Werbung und Verkauf zum Erfolg, unterschätzen Sie also nie die Macht von Geschichten!

Anhand von Geschichten ist es also wie gesagt möglich, komplexe Inhalte verständlicher und bleibender zu erzählen. Education (Bildung) und Entertainment (Unterhaltung) - kombiniert also „Edutainment" - so der zeitgemässe Bergiff in der Bildung, aber auch im bildungsnahen und bildungsfernen Fernsehen. Böse gesagt, ein Bericht bei Galileo auf ProSieben kann mehr inspirieren als ein entsprechendes, trockenes Sachbuch. Ideal wäre natürlich, wenn der Galileo-Bericht zum Lesen des Sachbuchs inspirieren würde.

Denken Sie zurück an „KAPITEL 7: DIE DREI": Drei Fakten, Aussagen oder eben Geschichten, an die sich Ihr Publikum erinnern kann. Anstatt sich nur auf drei Aussagen zu konzentrieren, erzählen Sie Ihrem Publikum 3 emotional bewegende Geschichten. Lassen Sie Ihr Publikum mit*denken* und mit*fühlen*. An die Geschichten wird sich Ihr Publikum erinnern. Die Schlussfolgerungen – mehr als nur drei – wird jeder wieder für sich selber daraus ziehen können!

Doch wie erzählen Sie packende Geschichten? Eine Geschichte braucht erst einmal ein Fazit, eine Kernaussage. Also fragen Sie sich: Was soll mein Publikum verstehen? Welche Schlussfolgerungen soll mein Publikum ziehen?

Haben Sie diese Schlussfolgerung gefunden, das Fazit, so haben Sie das Ziel Ihrer Geschichte festgelegt. Genauso wichtig sind allerdings die Überlegungen, die Gedankengänge, die Ihr Publikum durchlaufen soll, um zu diesem Ziel zu gelangen. Schreiben Sie sich auch diese Überlegungen und Gedankengänge auf.

Die Struktur haben wir also von hinten her aufgebaut, beginnend mit dem Fazit, und haben uns dann anhand der Gedankengänge zur Ausgangssituation vorgearbeitet. Diese gilt es nun so festzulegen, dass insgesamt ein rundes, in sich stimmiges Bild entsteht.

Beginnen Sie am besten mit dem *Ort* und der Zeit der Geschichte. Bewegen Sie sich nicht an möglichst exotische Orte, sondern wählen Sie einen Ort, zu welchem Ihr Publikum einen einfachen Bezug herstellen kann, d.h. schildern Sie eine Situation, die Ihr Publikum kennt, im Idealfall direkt aus dem Alltag. Umso besser noch, wenn Ihre Zuschauer einen emotionalen Bezug zu Ihrer Geschichte aufbauen können, gleich im ersten Satz.

Lesen Sie sich selbst die folgenden zwei Anfänge derselben Geschichte laut vor. Beide erzählen, wo die Geschichte stattfindet.

Der erste Anfang: „Ich fuhr nach der Arbeit mit dem Auto nach Hause!"

Konnten Sie einen emotionalen Bezug aufbauen? Wohl kaum,

aber immerhin kennen Sie die Situation.

Hier der zweite Anfang: „Ich sass letzte Woche in meinem VW Golf und war auf dem Nachhauseweg nach einem stressigen Arbeitstag mit viel zu vielen Meetings."

Hier müsste nun auch die emotionale Komponente funktioniert haben; und das ging auch ganz einfach. Seien Sie konkret, seien Sie detailliert. Aus „das Auto" wurde „Mein VW Golf", aus dem „Arbeitstag" ein „stressiger Arbeitstag mit viel zu vielen Meetings".

Nun kommen die Charaktere zur Handlung hinzu, welche nicht nur Namen und Charakterzüge haben, sondern vor allem denken, fühlen und miteinander sprechen: Wer sagt was? Was denkt der andere? Was fühlt er? Was sagt er oder sie? Welche Gestik oder Mimik passt zu der Aussage? Diese Fragen zu beantworten macht Ihre Geschichte noch konkreter, fassbarer; sie wird erlebbar und somit eindrücklicher.

Freunde oder Familienmitglieder sind übrigens ein ideales Versuchspublikum für Ihre Geschichten. Sie erhalten vermutlich sehr ehrliches Feedback bzw. können Ihren Liebsten wohl am besten ansehen, ob ihnen etwas gefällt oder nicht.

Fragen Sie nicht, was die Unterschiede zwischen einem Candle-Light-Dinner und einer Präsentation vor Publikum sind... suchen Sie die Gemeinsamkeiten.

9 DAS PUBLIKUM INVOLVIEREN

Gerade letzte Woche nach einem Referat kam eine Zuschauern auf mich zu und sprach mich an: „Warum soll ich mein Publikum involvieren? Da verliere ich nur die Kontrolle und dann werden Fragen gestellt, die ich nicht beantworten kann."

Ich bat die Zuschauerin, die Gegenperspektive einzunehmen und sich die Frage zu stellen: „Was schätze ich persönlich daran, wenn ich im Publikum sitze und das Publikum involviert wird?".

Gerade an langen Konferenztagen und bei Vorträgen, welche länger sind als beispielsweise ein 20-minütiges Impulsreferat, fällt es vielen von uns schwer, aufmerksam und motiviert zu bleiben, wenn wir nur zuhören können, also passiv bleiben müssen.

Jegliche sinnvolle Interaktion und Aktivierung ist hier willkommen. Sie haben richtig gelesen: Jegliche SINNVOLLE Interaktion. Billige Witze zu erzählen und so sein Publikum vermeintlich aufzulockern, bringt zwar Peinlichkeit, aber keine Lockerheit in den Raum und macht inhaltlich für Ihren Vortrag keinen Sinn.

Interaktion schaffen heisst zu wissen, welche Möglichkeiten Sie haben, aus diesen sinnvoll auszuwählen, einen Rahmen und Regeln für diese Interaktion zu schaffen und dies IMMER mit einem inhaltlichen Nutzen für Ihr Publikum und Ihre Kernbotschaft.

Interaktion schaffen können Sie beispielsweise in den folgenden 6 Bereichen:

1. mit Fragen
2. mit Meinungsumfragen
3. mit Hilfe von Social Media
4. in Gruppenarbeiten
5. über die Erwartungen Ihres Publikums
6. beim Zusammenfassen

Interaktion durch Fragen

Sie haben ja bereits erfahren, wie Sie mit Fragen umgehen können, auch mit heiklen und kritischen Fragen. Fragen sind auch gleichzeitig die einfachste Möglichkeit, Interaktion zu schaffen. Kommunizieren Sie Ihrem Publikum aber eindeutig, WANN Fragen gestellt werden können, bzw. WANN WELCHE Fragen gestellt werden können. Beispielsweise: „Wenn Sie kurze Fragen, vor allem Verständnisfragen haben, machen Sie sich bitte bemerkbar, indem Sie die Hand heben. Für ausführliche Fragen haben wir am Ende noch gut 20 Minuten Zeit."

Sie können Ihr Publikum auch regelmässig direkt ansprechen: „Ist alles verständlich soweit? Gibt es bis hierhin Fragen?". So schaffen Sie mehr Interaktion.

Das Publikum kann Fragen allerdings nicht nur individuell beantworten, sondern als gesamtes, im Sinne einer **Meinungsumfrage**: Beispielsweise können PRO/CONTRA-Fragen und Standpunkte durch Händeheben geklärt werden.

Bei komplexeren Umfragen, können Sie Ihr Publikum bitten aufzustehen. „Alle von Ihnen, die 2 oder weniger Europäische Hauptstädte besucht haben, setzen sich bitte jetzt.... Alle, die 5 oder weniger Europäische Hauptstädte besucht haben, setzen sich bitte jetzt..." und so weiter. Nach Ihrer letzten Frage stehen vermutlich nur noch so wenige Zuschauer, dass Sie sogar individuell nachfragen können, wie viele Europäische Hauptstädte die noch stehenden Zuschauer denn schon gesehen haben oder welche davon Ihnen denn am besten gefiel.

Mit solchen Umfragen erfahren Sie gleichzeitig auch noch mehr über Ihr Publikum und können immer wieder auf die Resultate Bezug nehmen.

Gerade bei einem grösseren Publikum oder einem besonders introvertierten Publikum kann es Sinn machen, **Social Media** zu integrieren und einen eigenen Twitter-Kanal zu öffnen, oder im Vorfeld bereits eine Facebook oder XING-Gruppe zu öffnen. So können Ihre Zuschauer über ihre Smartphones und iPads Ihnen direkt Nachrichten auf Ihr iPad senden. Sie haben so jederzeit die Möglichkeit, Zuschauerfragen zum passenden Zeitpunkt einzubauen. Gerade bei mehrtägigen Trainings kann dies sinnvoll sein, da Fragen gesammelt werden und auch wieder hervorgenommen werden können. Beispiel: „In der Session vorgestern hat jemand folgendes getweetet: „Welche Möglichkeiten gibt es, um charismatisch zu networken?". Ich habe die Frage damals aufgeschoben, möchte aber jetzt darauf zurückkommen. Sie haben heute morgen einige Möglichkeiten kennengelernt und ich möchte von Ihnen gerne wissen, welches Ihre Top 3 ist und warum..." Nun kann ein weiteres Aktivierungselement folgen: Die **Gruppenarbeit**. In kleineren Gruppen während einer von Ihnen festgelegten Zeit, haben die Gruppen Gelegenheit, sich auszutauschen, Themen zu finden, zu brainstormen und beispielsweise eine Top 3 festzulegen, welche anschliessend dem Publikum vorgestellt wird.

Ein zufriedenes Publikum sollte uns allen am Herzen liegen. Zufriedenheit heisst nichts anderes, als dass die **Erwartungen** von Ihnen erfüllt oder sogar übertroffen werden.

Wenn Sie im Vorfeld via Mail, Social-Media oder Online-Umfrage die Erwartungen abfragen oder dies am Anfang Ihrer Präsentation tun, wissen Sie, welche Erwartungen es zu erfüllen gilt. Schreiben Sie die Erwartungen auf ein grosses Papier und hängen Sie dieses auf oder notieren Sie sich die Erwartungen. Wenn Sie nun in Ihrer Präsentation auf bestimmte Themen zu sprechen kommen, welche diese Erwartungen erfüllen, sagen Sie dies explizit. Fragen Sie bei der Person nach, welche die Erwartung formuliert hat, ob dieses Thema klar und genügend behandelt worden sei. Dies schafft Interaktion und vor allem Kundenzufriedenheit.

Die letzte Möglichkeit, mehr Interaktion zu schaffen – gerade bei längeren Vorträgen – sind **Zusammenfassungen**. Bei Trainings lasse ich die Zusammenfassungs-Slides bewusst leer, anstatt vorzulesen, was wir soeben gemacht haben. Ich frage jeweils das Publikum, welches die für die Zuschauer wichtigsten Punkte waren, welche Beispiele und Geschichten den Zuschauern bleiben werden, und rege so zu einer Reflektion an.

Sie sehen also: aufgrund dieser Möglichkeiten, Interaktion zu schaffen, können Sie lahme Witze und übertriebene Animationen auf Ihrer PowerPoint ruhig weglassen.

Es handelt sich um Notizen und nicht um Dauerlesehilfen...

10 VORLESEN, AUSWENDIG LERNEN ODER KÄRTCHEN?

Eine der grössten Herausforderungen bei Vorträgen oder Präsentationen sind Blackouts, oder zumindest die Angst davor. Dass Ihnen die „Macht der Pause" helfen kann, nach einem Blackout wieder auf Kurs zu kommen, haben Sie ja bereits erfahren. Der Hauptfehler, den die meisten machen, ist, dass sie versuchen Sicherheiten zu schaffen, damit keine Texte vergessen gehen. Dies geschieht beispielsweise indem ein Redner die gesamte Präsentation wortwörtlich vorliest oder die PowerPoint-Slides so mit Text überfüllt, dass diese als Textvorlage dienen und auch nur vorgelesen werden müssen. Wie spannend solche Präsentationen wirken und wie gross der Nutzen für das Publikum ist, das kennen Sie aus Ihrem Berufsalltag.

Das Hauptproblem ist, dass wir nicht so sprechen wie wir schreiben und nicht so schreiben, wie wir sprechen. Wenn Sie einen Text verfassen, der gesprochen wird, müssten Sie diesen also so verfassen, wie Sie sprechen, und nicht etwa wie Sie Ihre Texte verfassen würden z.B. für den Abdruck in einer Zeitung.

Schreiben Sie, wie Sie sprechen!

Texte vorzulesen macht nur dann Sinn, wenn es wichtig ist, dass eine Aussage wortwörtlich gemacht wird, wenn Sie jemanden zitieren oder Sie selbst zitiert werden oder wenn Sie eine offizielle Stellungnahme eines Departements oder der Geschäftsleitung Ihrer Firma kundtun. Hier zählt jedes Wort!

Wenn Sie Texte vorlesen müssen, üben Sie diese mehrmals. Vor Kurzem war ich an einer Lesung eines Autors, welcher in jedem zweiten Satz über eines seiner eigenen Worte stolperte. Dies verkauft nicht nur weniger Bücher, sondern wirkt enorm inkompetent. Wenn Sie auf einer Bühne oder vor Fernsehkameras stehen, stehen sie im Scheinwerferlicht. Je besser Sie ausgeleuchtet werden, umso schwieriger ist es für Sie Ihren Text zu sehen und vor allem fliessend zu lesen. Drucken Sie den Text einfach etwas grösser aus. Schriftgrösse 18 oder gar 20 macht hier durchaus Sinn.

Übrigens, für die Buchautoren unter Ihnen und all jene, die ab und zu eine Passage aus einem Buch vorlesen: Kleben Sie die Passage ins Buch, sodass Sie das Buch aufschlagen und daraus vorlesen können, ohne sich mit der kleinen Schriftart abmühen zu müssen.

Je besser Sie Ihre Texte sehen können, umso mehr sind Sie übrigens auch fähig, zu Ihrem Publikum Blickkontakt zu halten. Dieser geht leider zu oft vergessen, sobald Sie an Ihrem Text kleben und vorlesen.

Texte auswendig zu lernen ist die zweite oft gewählte Möglichkeit, welche vielen zum Verhängnis wird. Profischauspieler haben durchaus das nötige Talent, Texte auswendig zu lernen und ansprechend vorzutragen, doch den meisten von uns hört man das Auswendiglernen an der komischen Melodie an.

Die effektivste und einfachste Lösung ist, mit Stichwörtern zu arbeiten. Vergessen Sie allerdings nicht, alles, was Sie wortwörtlich zitieren möchten, auch wortwörtlich aufzuschreiben. Ihre Notizen und Stichworte können Sie entweder auf Kärtchen bei sich haben, oder – und das ist viel praktischer – direkt in Ihre PowerPoint oder Keynote-Präsentation einbauen. Mit der sogenannten Referentenansicht sehen Ihre Zuschauer auf der Leinwand die aktuelle Folie, Sie hingegen sehen auf Ihrem Laptop oder Kontrollmonitor die aktuelle Folie und die Notizen, welche Sie eingegeben haben. Zusätzlich sehen Sie auch die nächste Folie und können so dynamische Übergänge schaffen.

Es gibt allerdings auch noch ein paar andere Orte, an welchen Stichworte nützlich sein können. Grundsätzlich gilt: Positionieren Sie Ihre Notizen da, wo Sie diese brauchen. Beispielsweise auf dem Hellraumprojektor, dass Sie auch wirklich alles aufschreiben und nichts vergessen... und vor allem nichts auswendig lernen müssen. Arbeiten Sie mit Flipcharts, so können Sie oben ganz klein mit Bleistift Ihre Notizen anbringen oder Inputs und Ideen, um Ihr Publikum beispielsweise bei einem Brainstorming zu unterstützen und zu führen.

Übrigens, die Stiftablage unten an einem Whiteboard erfüllt denselben Zweck. Stellen Sie sich vor, Sie müssen zwei Projektbudgets vorstellen und für jedes Projekt das fehlerfreie Total ausrechnen. Die beiden Totalbeiträge kleben Sie einfach mit einem Post-it unten auf die Stiftablage. So passieren keine Fehler und Sie können mit Ihrem mathematischen Talent spontan brillieren.

Das wirkt doch gleich viel charismatischer.

Begeistern Sie nicht mit Animationen und Cliparts, sondern überzeugen und berühren Sie mit Ihrem Inhalt.

11 WIE VIELE FOLIEN PASSEN IN EINE MINUTE?

„Eine Folie pro Minute", „5 Zeilen pro Folie", „5 Wörter pro Zeile"... Diese und andere Merksätze vergessen Sie am besten! Eine Präsentation wird nicht spannender oder besser, wenn Sie sich an diese Merksätze halten; sie wird eher monotoner, enthält keinen Spannungsbogen und keine Dynamik.

Wie viele Folien sollten es denn nun pro Minute sein? Wie viele Worte pro Zeile? Wie viele Zeilen pro Folie?

Die passende Antwort ist einiges komplexer als die netten Merksätze, welche Sie sicherlich schon gehört haben. Die korrekte Antwort ist auch hier: Es kommt darauf an.

Wer charismatisch präsentiert, kann dies mit 3 Folien in 30 Minuten, 100 Folien in 30 Minuten oder auch ganz ohne Folien tun. Es kommt also nicht auf die Zahl der Folien an, ob Sie charismatisch wirken oder nicht, sondern darauf, was auf den Folien drauf ist.

Eine Folie kann sehr viel anderes enthalten, als die üblichen Bullet-Point Listen. Stellen Sie sich eine Folie mit nur einem Foto ganz ohne Text vor. Vielleicht fällt es Ihnen bei einer so simplen Folie sogar leichter, frei zu sprechen und vor allem leidenschaftlich zu sprechen. Ob Sie dies nun für 30 Sekunden, für 1 Minute, 5 Minuten oder gar 15 Minuten tun hängt nur von Ihrer Geschichte ab.

Ich habe vor kurzem einen renommierten Physiker gecoacht, welcher einen Vortrag zum Thema Inspiration & Innovation halten sollte. Vortragsdauer: 20 Minuten. Er hatte über 60 Folien vorbereitet mit verschiedensten Physikern, Beispielen aus der Geschichte, komplexen Erfindungen, Plänen und so weiter; eine Flut von Informationen. Seine Präsentation sollte er übrigens vor CEOs namhafter Firmen als Impulsreferat halten, um diese CEOs zu inspirieren. Was dieser Physiker erst nicht verstand, war, dass es nicht um seine Fähigkeiten im Bereich der Recherche ging, um eine Fülle an Informationen mit dem Anspruch auf Vollständigkeit, sondern um seine persönlichen Erfahrungen, seine eigene Perspektive. Wir nutzten schliesslich seine umfassenden Recherchearbeiten und arbeiteten diejenigen Geschichten heraus, welche beispielhaft darstellen, auf welche verschiedensten Möglichkeiten sich Physiker zu neuen Erfindungen und Entwicklungen inspirieren lassen und liessen.

Seine Präsentation bestand schliesslich aus drei Fotos, kam ganz ohne Texte aus und ganz ohne eine Vorstellung seinerseits; schliesslich hatten alle CEOs das Programm gelesen und der Physiker wurde als Referent anmoderiert. „Guten Abend", begann er, „Lassen Sie mich Ihnen drei Geschichten erzählen, von drei beeindruckenden jungen Männern!" Seine Präsentation bestand - wie gesagt - nur aus drei Fotos, von drei jungen Männern... der eine, der einen Drachen steigen liess, der zweite, auf dem Patentamt in Bern bei der Arbeit und der Dritte beim Servieren helfen im Restaurant seiner Eltern. Alle drei grosse Physiker, die sich auf unterschiedlichste Art inspirieren liessen und zu Grossem fähig waren.

Manchmal reichen also drei Fotos um das Feuer eines Redners

zu entfachen; manchmal braucht es allerdings auch verschiedenste Detailansichten zu einem komplexen System. Klarheit und Vollständigkeit sind zentral; die Anzahl der Folien darf hier durchaus höher sein als nur eine pro Minute: Stellen Sie sich vor, mehrere Minuten lang ein komplexes Diagramm vor sich zu sehen ohne die viel zu kleine Schrift lesen zu können, anstatt Detailansichten eines Produktes oder einer technischen Illustration betrachten zu können, nur weil der Vortragende versucht, eine Folie nicht zu kurz zu zeigen und im Gesamten nicht zu viele Folien zu verwenden. Eine weitere Folie kostet nichts. Keine weitere Folie zu verwenden kostet Sie u.U. Klarheit, Transparenz und die Aufmerksamkeit Ihres Publikums, kurz: der Preis ist Ihr Charisma.

Verweilen Sie bei einer Idee, einem Konzept, einer Option oder einem Denkansatz und stellen Sie hier Klarheit sicher. *Dies* ist wichtig, egal wie viele Folien und wie viel Zeit Sie pro Folie beanspruchen. Das heisst, es geht nicht darum zu bestimmen, wie viel Zeit Sie mit einer Folie verbringen möchten, sondern wie viel Zeit Sie für eine Idee, ein Konzept bzw. eine Ihrer Kernaussagen brauchen.

So bestimmen Sie auch das Gesamttiming der Präsentation: Ungefähr einen Fünftel der Zeit sollten Sie für die Einleitung und den Schluss einplanen. Den Rest der Zeit haben Sie für den Hauptteil zur Verfügung. Präsentieren Sie also insgesamt 10 Minuten, brauchen Sie insgesamt 2 Minuten für Einleitung und Schluss, haben also noch 8 Minuten für Ihre Kernpunkte zur Verfügung; bei 4 Kernpunkten also je ca. 2 Minuten pro Kernpunkt.

Bei 30 Minuten sieht die Kalkulation dann wie folgt aus: Ein Fünftel der Zeit sind 6 Minuten insgesamt für die Einleitung und den Schluss und 24 Minuten für den Hauptteil. Bei 3 Kernaussagen haben Sie also pro Aussage 8 Minuten Zeit, bei 4 Kernaussagen je 6 Minuten und so weiter.

Wenn Sie nun wissen, wie viele Kernaussagen sich in Ihrem Hauptteil befinden, können Sie beginnen die Anzahl Folien zu kalkulieren. Denken Sie kurz zurück an die Beantwortung von Publikumsfragen und an das ABBA-System – Ansicht, Begründung, Beispiel, Ansicht.

Wenn Sie das ABBA-System befolgen, brauchen Sie pro Kernaussage mindestens 4 Folien: Eine für Ihre Ansicht, eine für die Begründung, eine mit dem Beispiel und eine Kopie der Folie mit Ihrer Ansicht. Bei drei Kernpunkten also 12 Folien im Hauptteil. Hinzu kommen nun die Folien in der Einleitung und im Schlussteil Ihrer Präsentation.

Die Anzahl Folien und die Zeit pro Kernaussage sind also bestimmt, doch wie viel Zeit verbringen Sie pro Folie? Mit jeder gleichviel Zeit zu verbringen, macht vermutlich wenig Sinn, denn schliesslich muss Ihre Präsentation sinnvoll sein und Sie sollten bei jeder Folie weder zu viel noch zu wenig Zeit verbringen.

Ich markiere die Folien jeweils in den Notizen mit den Buchstaben S, M und L. S, M und L sind zwar die handelsüblichen Kleidergrössen SMALL, MEDIUM und LARGE, aber ich missbrauche diese drei Buchstaben im Sinne von Short, Medium und Long, für die Zeit, welche ich ungefähr mit einer Folie verbringe. Ich setze diese Buchstaben jeweils erst dann auf die Folie, wenn ich die Präsentation ein oder zweimal geübt habe und die Struktur definitiv wird. Bedenken Sie auch, dass viele von uns beim Üben einer Präsentation langsamer oder schneller sind, als wenn wir die Präsentation vor Publikum vortragen. Üben Sie deshalb immer laut.

Was auch funktioniert, ist dass Sie zeitliche Etappenziele festhalten, d.h. dass Sie innerhalb Ihrer Präsentation gewisse Zeitpunkte festlegen, wann Sie bei einer bestimmten Folie angekommen sein sollten, sodass Sie in der Zeit liegen und nicht überziehen. Wenn Sie viel zu früh dran sind, ist dies meist auch kein Problem; dies lässt den Zuschauern mehr Zeit für Fragen am Ende Ihrer Präsentation. Im Presenter-Mode sehen Sie so oder so die Uhr auf Ihrem Monitor. Vermeiden Sie es unbedingt, auf Ihre Armbanduhr zu schauen, da dies beim Publikum Hektik und Ungeduld auslösen kann.

SCHLUSSWORT

Aus den letzten 11 Kapiteln haben Sie hoffentlich den einen oder anderen Gedanken mitnehmen können, sind inspiriert, bereichert und voller Tatendrang, gleich alles neu Dazugelernte auch sofort vollständig zu beherrschen. Seien Sie jedoch etwas nachsichtig und geduldig mit sich selbst, setzten Sie Ziele, Zwischenziele und schaffen Sie sich Erfolgserlebnisse auf dem Weg nach vorne. So kommen Sie nicht nur einiges weiter, sondern haben Spass und Freude auf Ihrem Weg.

Stephan Lendi

Selbsteinschätzung Präsentationstechnik / Auftrittskompetenz

Bewertungsskala: 0: kann ich zu wenig | 5: geht ganz ok | 10: beherrsche ich sehr gut

1. Ich verwende einen Teaser als Einstieg.

2. Meine Gestik ist natürlich und funktional.

3. Ich setze meine Stimme gezielt ein, um zu überzeugen.

4. Ich erzähle Geschichten, um Emotionen zu wecken.

5. Ich kann mit Fragen während bzw. nach einer Präsentation gut umgehen.

6. Ich belege Aussagen mit Zahlen, Daten und Fakten.

7. Ich fühle mich beim Präsentieren wohl.

8. Ich kann Nervosität in positive Energie umwandeln.

9. Ich halte Blickkontakt mit dem gesamten Publikum.

10. Meine PowerPoints sind fokussiert und nicht überladen.

11. Ich spreche klar und verständlich.

12. Ich informiere mich vor einer Präsentation über das Publikum und passe meine Präsentation an.

13. Ich stifte einen konkreten und erkennbaren Nutzen.

14. Ich involviere mein Publikum passend.

15. Der Schluss meiner Präsentation bezieht sich auf die Einleitung bzw. den Teaser.

16. Meine Aufmerksamkeit ist stets bei meinem Publikum und nicht bei meinen Notizen.

Auswertung

Über 150 Punkte: Sie fühlen sich äusserst wohl beim Präsentieren. Entdecken Sie weitere Möglichkeiten, sich zu entwickeln und noch gezielter auf Ihr Publikum einzugehen!

Über 110 Punkte: Präsentieren liegt Ihnen. Entwickeln Sie sich gezielt weiter und entdecken Sie zusätzliche Werkzeuge, um Ihre Fähigkeiten noch zu verbessern.

Über 70 Punkte: Sie kennen Ihre Potentiale und Ihre Schwächen. Sie wissen, wo Sie ansetzen müssen.

Unter 70 Punkte: Ihnen ist bewusst, dass Sie noch einige Schwierigkeiten haben. Packen Sie diese an und gewinnen Sie Freude am Präsentieren!

Selbsteinschätzung Stimme

Bewertungsskala: 0: stimmt nie | 5: stimmt ab und zu | 10: stimmt immer

1. Wenn ich spreche, lassen mich andere ausreden, ohne mich zu unterbrechen.

2. Ich kann reden, ohne mich wiederholen zu müssen.

3. Was ich sage bleibt den Zuhörern in Erinnerung.

4. Andere können meine Anweisungen schnell und leicht umsetzen.

5. Es gelingt mir, andere zu überzeugen.

6. Am Ende des Tages klingt meine Stimme noch immer frisch und kraftvoll.

7. Meine Stimme wirkt dynamisch.

8. Ich muss mich selten bis nie räuspern.

9. Ich spreche fokussiert und brauche keine „äähs".

10. Ich mache gezielte Pausen.

Auswertung Selbsteinschätzung

90-100 Punkte: Sie fühlen sich äusserst wohl beim Sprechen. Entdecken Sie weitere Möglichkeiten, Ihre Stimme für Ihre Zwecke einzusetzen!

70-90 Punkte: Sie atmen atemökonomisch. Entwickeln Sie sich gezielt weiter und entdecken Sie zusätzliche Werkzeuge, um mit Ihrer Stimme eine maximale Wirkung zu erzielen.

50-70 Punkte: Sie kennen Ihre Potentiale und Ihre Schwächen. Sie wissen, wo Sie ansetzen müssen.

Bis 50 Punkte: Ihnen ist bewusst, dass Sie noch einige Schwierigkeiten haben. Packen Sie diese an und gewinnen Sie Freude am Sprechen!

Feedbackformular für Präsentationen

Das folgende Feedbackformular unterscheidet zwischen objektivierbaren Punkten einerseits und der subjektiven Wahrnehmung dieser Punkte andererseits, um eine optimale Verwertbarkeit sicherzustellen.

Aufbau/Struktur

Wie gut war die Präsentation strukturiert?

Ungenügend		/	*genügend*		/	*gut*		/	*sehr gut*	
0	1	2	3	4	5	6	7	8	9	10

Waren folgende Struktur-Elemente erkennbar?

	Nicht erkennbar	Gut erkennbar
1. Teaser	☐	☐
2. Einleitung	☐	☐
3. Inhaltsübersicht	☐	☐
4. Hauptteil	☐	☐
5. Zeit für Fragen	☐	☐
6. Wiederholung der wichtigsten Punkte	☐	☐
7. Schluss	☐	☐

Weitere Beobachtungen und Kommentare bezüglich ‚Aufbau/Struktur‘

_____

_____

Überleitungen | ☐ passend   ☐ unpassend

Wurden dynamische Überleitungen verwendet?
☐ gar nicht   ☐ teilweise   ☐ immer

Waren diese inhaltlich passend?
☐ gar nicht   ☐ teilweise   ☐ immer

Inhalt

Inhaltliche Stärken

_____

_____

Inhaltliche Schwächen

_____

_____

Welche Kernaussagen waren erkennbar?

1. _____

2. _____

3. _____

Weitere Beobachtungen und Kommentare bezüglich Inhalt

_____

_____

_____

_____

Körpersprache / Stimme

Waren folgende Körperhaltungen erkennbar?

☐ verschränkte Arme   ☐ Hände in den Hosentaschen

Wie wirkte die Körpersprache allgemein auf Sie?

☐ passend   ☐ unpassend

☐ offen   ☐ verschlossen

☐ entspannt   ☐ angespannt

Gesten | ☐ passend   ☐ unpassend

Wurde die Drei-Gelenke-Regel befolgt?

☐ gar nicht   ☐ teilweise   ☐ immer

Wurden Gesten verwendet, um Aussagen gezielt und unterstützend zu visualisieren?

☐ gar nicht   ☐ teilweise   ☐ immer

Körperbewegungen | ☐ passend   ☐ unpassend

Wechselte der Präsentierende seine Position?

☐ Ja   ☐ Nein

Blickkontakt | □ passend □ unpassend

□ statisch □ fixierend □ starrend

□ begrenzt □ umfassend □ einladend

Gesichtsausdruck | □ passend □ unpassend

□ einladend □ motivierend □ ängstlich

□ zurückhaltend □ dominierend □ entspannt

Stimme/Sprache | □ passend □ unpassend

□ monoton □ dynamisch

□ deutlich □ unklar

□ angenehme Lautstärke □ unangenehme Lautstärke

Weitere Beobachtungen und Kommentare bezüglich ‚Körpersprache/Stimme'

_____

_____

_____

_____

Interaktion mit den Zuschauern

Wurden die Zuschauer involviert? □ passend □ unpassend

□ zu wenig □ oft genug □ zu oft

ÜBER STEPHAN LENDI

Über 15 Jahre Erfahrung in der Erwachsenenbildung und 10 Jahre im globalen Marketing, abgerundet mit einem MBA in Globaler Kommunikation und Globalem Marketing prägen Stephan Lendi. Er ist gefragter Medien- und Kommunikationsberater bei der Newbury Media & Communications GmbH und trainiert in seinen Medien- und Interviewtrainings Kader vor der Kamera und hinter dem Mikrofon. Als Sprecher von über 1000 Radio- und TV-Werbespots, über 500 Imagefilmen und verschiedensten Fernsehsendungen von SRF, ProSieben, Sat1 und 3plus hat sich Stephan Lendi auch in der Medienszene etabliert.

MEHR VON NEWBURY

„Von der Stimme zur Stimmung"

Das Audiotraining mit Hans Ruchti

Arbeiten Sie gemeinsam mit Schauspieler und AAP-Sprechtrainer Hans Ruchti an den fünf Kern-Bereichen des stimmlich sicheren Auftretens und des gezielten Stimmgebrauchs: dem Körperbewusstsein, der Haltung, der Atmung, der Stimme und der Artikulation.

Audiotraining-Laufzeit: ca. 55 Minuten

Sprache: Schweizerdeutsch

ISBN: 978-3-033-04025-0

Erhältlich im Buchhandel und bei iTunes

www.ingramcontent.com/pod-product-compliance
Lightning Source LLC
Chambersburg PA
CBHW070932180526
45168CB00003B/1040